福祉の仕事に就く人に、絶対に読んでほしい55の言葉

Mikio ABE
阿部美樹雄

大揚社

はじめに

私は三十年以上、福祉の仕事に就いています。「治療教育」ということが、知的障がい者福祉の分野では大切に取り上げられ、大きな機関や施設では、治療教育室といった呼び名の治療の場が設けられるようになった時代です。在学中、少しばかり心理をかじった経験を買われた私は、〝判定員〟という職種でこの世界に採用されたのがきっかけでした。

しかしながら、私が大学で学んだ心理の知識は、カウンセリングやエンカウンターグループなどが主流で、福祉系の学校で学んできた職員の語る「ともに生きる」「ノーマライゼーション」等……一九六〇年代に北欧諸国から始まった社会福祉をめぐる理念は、まだ遠い世界の言葉で、ましてや、彼らの利用者と同じ目線でいたいという感覚も理解の範疇にはありませんでした。

いわば、右も左も分からずに、福祉の世界に飛び込み、知識不足は否めないと自覚してからというもの、良いといわれる施設には見学に行き、優れた実践者と聞けば講演にはせ参じ、次第に知的障がいを持たれる方々の人権に目覚めていきました。

勤務地は首都圏といっても、中距離にある地方でしたので、当時、まだ土地も安く、家庭をもった私は家を購入し、二人の子にも恵まれ、ここで平凡な人生を送るのだと、おぼろげに考えておりました。しかし、徐々に、内なる思い、理想とする仕事、あるべき福祉の姿から目をそらすことが困難になって来たのです。

根が我がままなのか、安定した仕事や、環境を投げ打っても、どうしても……そう願った私は、家族を説得し、理想とする施設作りに奔走することとなりました。

計らずも思いは通じ、さまざまな方々との尊い出会いを経て、定員五十名の入所施設の長となったのは、三十代半ばでした。施設の建設においても、「思い」を設計図におこしていただきました。

建物に思いをのせることは、まだ容易なことでしたが、職員となる方々への「思い」の伝達は困難を極めました。職員が利用者に対し乱暴にならないようにと説得する自分が、乱暴な口調で言い放ってしまう皮肉。自閉症の人たちをどうとらえてほしいか、どんな風に利用者に寄り添ってほしいか、伝える自分の力のなさを痛切に感じる苦悩の日々が続きました。年齢の幅がそれほどあるわけでもない、せいぜい少々歳の離れた兄弟程度の間柄……時には酒を酌み交わしながらの論議。

ただでさえ伝え下手なのですから、上手くいくはずがありません。心が揺れ、不安定になった私が辛そうにしていると、初代の理事長は『飯を食いに来い』とよく誘ってくださいました。食事やお酒でもてなしてくださり、決して励ましの言葉以外は口にされませんでした。

『俺はお前にぞっこんなんだ。責任は俺が取るから、思いっきりやれ！』と、いつも言われたことは、二十数年経た今でも、耳にも、心の奥にも強く残っています。

理事長宅を辞した後、階下のエレベーターホールで涙が止まらなかった、あの日の思い。後々、自分のあり方に、モデルとなる影響を与えてくださった大きな存在。自分という未知数に賭けてくださった人生の師。

ありがたくて、ありがたくて、涙した経験は、「ただ信ずるしか手はない」「信頼するから、人はついて来る」……という、今日の確信に繋がっています。

現在、創設の施設から、より規模の大きな施設の責任者として仕事をしております。一人ひとりの職員と、毎日のように顔を合わせてやり取りをしていた頃とは、やり方が違います。年齢も、末の息子と同世代の職員がほとんどになりました。

気持ちだけでは繋がっていかれません。

この法人がどんな風に生まれ、どんな風に育ってきたのか、そして今、どんな風に法人は考えているのか。それをどのように伝えていくのか。

職場内のネットワークのトップに、職員へのメッセージを綴るようになりました。

一回が五〇〇字という制約があるなか、メッセージ性の強い、独特なものとなりました。園のホームページを整備するにつれ、外部への発信としての性格も持つようになりました。書き溜めたメッセージは、支援スタッフでもあり、挿絵作家でもある渡邉直樹氏の助力も得て、一つの作品になることができました。

出版にあたっては、以前よりご助言を頂きました株式会社　大揚社の島崎和夫社長に、心より感謝しております。

そして、この本を手に取っていただいたみな様が、少しでも元気になる言葉があれば、これほどうれしいことはありません。

阿部美樹雄

第1章「福祉の仕事って」

第2章 「コミュニケーションの達人になる方法」

第3章「幸せな人生をおくるための処方箋」

第4章 「ちょっと落ち込んだときに読んでほしい話」

イラストを担当しました、町田福祉園職員の渡邉直樹です。
30 歳半ばにして社会福祉士を取得し福祉未経験者として、町田福祉園に入職しました。
はじめての仕事にとまどい、緊張しながら、利用者様がいつも笑顔で安心して過ごせるようにと、支援に当たってきました。

福祉の世界に飛び込んだ私ですが、このような形で前職の経験が活かせるとは、想像もしてなかったのですが…。

利用者様やご家族、読者の方々を想像し、楽しみながら描きました。

私の絵で少しでも、あたたかな気持ちになって頂けたら幸いです。

第1章

「福祉の仕事って」

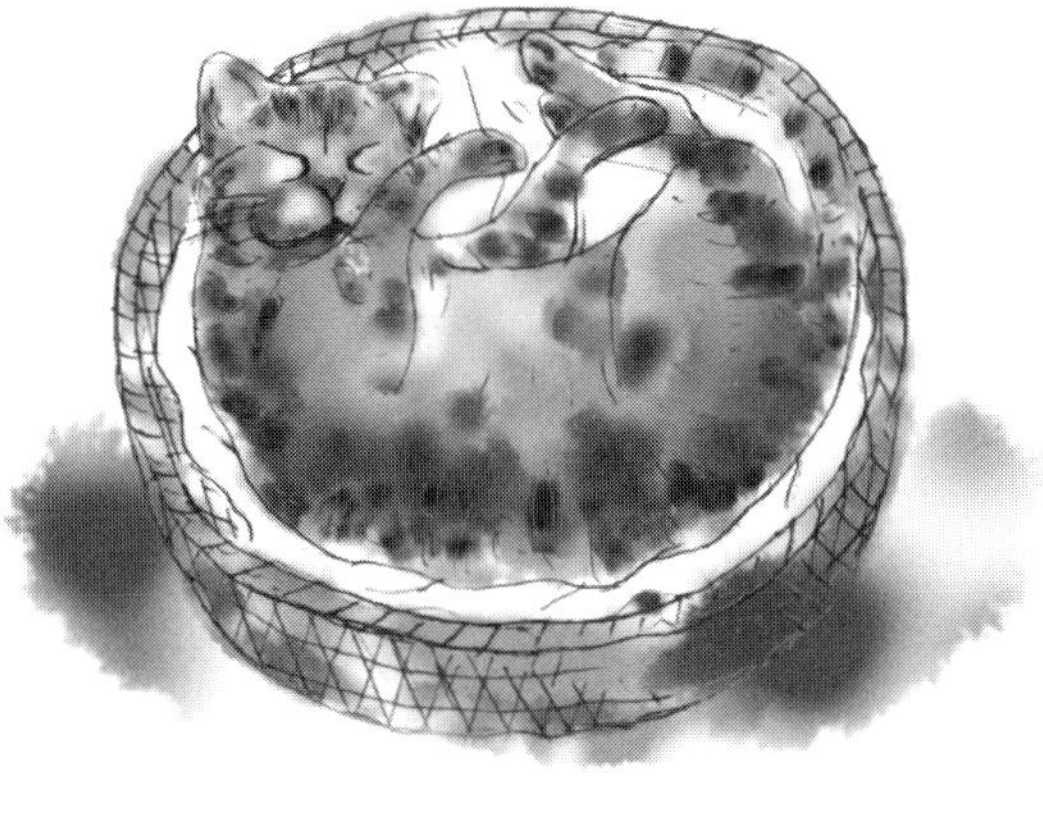

1 みんな〝よくならなければ〟ならないのです

先ほどまで、地元の福祉関係者と会っていました。
その施設も重心（重症心身障害児・者）の方たちを受け入れている施設です。

今後の受け入れ、将来の終の住みかの話題など切れ目なく話が続きました。

福祉の仕事が契約の社会になってから、
いい言葉ではないが「勝ち組・負け組」という言葉があります。
福祉人としては、サービスが広がり障害を持っておられるご本人、
その家族の人たちが安心して暮らせる社会になっていることが
もっとも優先すべきことで、どこかの法人だけが上手くいっている、
というのは最終的な目標ではないのです。
みんなよくならなければならないのです。
負けをつくらないＷＩＮ＝ＷＩＮの関係です。

【契約】
福祉施設は2000年の介護保険制度施行により、措置から契約制度となった。障害者福祉は2002年より始まった。

毎日の仕事から、

「誰でもが暮らしやすい地域」

「障害がどんなに重くてもこんないい暮らしができる」

などの視点が見えるようになると、
ソーシャルアクション（福祉水準を上げる活動）ということが身近に感じてきます。

みなさんはその「担い手」です。


福祉の仕事、どのレベルまでイメージできるかが勝負です。

「自分が欲せられ、必要とされ、
真価が認められていると感ずるようにしなさい。
それを繰り返すたびに、
あなたはそのような人間になっていきます」

2 福祉とは人を〝愛し〟支えること

悟りを開いたという人の中には
「何が起きても一喜一憂することなく淡々と生きなさい」
ということを言われることがあります。

なかなか困難なことです。
俗人にはなかなかできません。

私たちの仕事は、〝支援・介護〟と言われる領域です。

時間が長くても身体的なことは一部であり
〝かかわり〟の中で
〝安心（幸せ）という成果〟を得ていただくことが目的です。

人生には様々なことが起こります。

喜ぶべきことは共に喜び、憂い悲しい時はその気持ちに寄り添い
「今」を共に過ごすことしかできないことも少なくありません。

なにもできなくても、傍に同じように感じようとしてくれている人がいるだけで、
大きな「支え」になります。

「愛」の反対語は「無関心」です。
愛とは「良い関心」を持つということと言い換えることもできます。
それは見ようとし、感じようとしなければわからないことです。

人との関係とは自らが踏み出さなければよくなりません。
少しの勇気が必要です。
でも失敗はありません。
フィードバックがあるだけです。

〝起こったこと〟を真摯に受け止め、
次に生かしていくのです。

3 福祉とは、「しあわせ」や「ゆたかさ」を意味する言葉

私たちの仕事の多くの部分はケアの仕事です。

ですから引き継ぎや会議の中での中心の話題になりますが、

これは「生きていくうえで必要なケア」です。

障害者自立支援法での一割負担という応益負担の違憲裁判は

「生きてるだけで応益という負担をさせられるのか？」という

怒りにも似た〝叫び・不条理〟に対してでした。

現政権が和解したのは当然のことです。

これは「権利としての福祉」ということです。

福祉とは、「しあわせ」や「ゆたかさ」を意味する言葉です。

【障害者自立支援法】
平成18年10月より全面施行された精神･知的･身体の3障害を統一した基準。障害者の負担増、利用しにくいなどの問題が指摘されている。

私たちの仕事が当然受ける権利がある範疇に留まってはならないのです。

言葉が不自由で意思確認が難しい人たちでも、
その方々の「言葉にならない言葉」と
会話をしていく力・支援・技術がこの仕事の真髄です。

そのことがあって「幸せや豊かさ」を感じていただけるのです。

この面を知らされない人たちは「ケアを受ける」
という当然のことを『福祉をしている』と思っています。

〝生きている〟ということは
障害があるなしにかかわらず、
人とのかかわりの中で「幸せや豊かさ」を
感じながら生きているのです。

4 利用者様を中心とした〝支援〟を

11月になりすっかり秋めいた陽気になりました。

利用者の皆さんは季節の変わり目の気温の変動に適応していくのが
弱い方々も少なくないので、
衣類の調整などこまめにしなくてはなりません。

また、この秋は入退所も多いので落ち着かない人たちへの対応も必要になります。
自閉症の人たちは、新しい環境が苦手です。
落ち着かないのは、多くは「怖い、強い不安」ということと同じです。

「困ったことをする人は、本人が一番困っている」のです。

それで、自ら気分を変えることができないので、
自傷、多傷、物の破壊という形になってしまうことが多いのです。

そして、そのときに怒鳴られ、叱られる、という形になってしまいます。

私の運営する拠点の各棟に配っている冊子に
「発達障害の教育体験記」という文章があります。

その中の叱り方の項には
「一分以内で手短に」という内容が書かれています。

それ以上だと、言われている内容が理解できないだけではなく、
ネガティブな感情だけが残ってしまいます。

私たちの仕事の第一は、
「コミュニケーション支援」から入ります。

その人を辛くさせないために必要なことなのです。

5 ニーズに応えられる支援を提供するために

障害の重いと言われる人への支援をしている者にとって大切なことは、「安心できる人が傍で見守っている」ことを感じさせることです。

そのことでかろうじて安定できていることが少なくありません。

見守りとは「精神的な保護」なのです。

「目に見えない支援」は評価されません。

「人は安心の中にいると物事を受け入れやすくなり、さまざまな能力も発揮されやすくなる」「誤解をされずに理解される関係のある」人たちの中で生きていけることが最大の支援だと思います。

まさに「配慮の義務」です。

一方、軽いと言われる人たちは「軽い支援で済む」人たちなのでしょうか?

たとえば、就労支援は、生活を整え、ジョブコーチで職場の定着を図り、グループホームでの暮らしを支え、いつでも安心して相談に行くことができる

「止まり木支援」が生涯にわたり必要です。

しかし、日本の福祉社会はまだまだ未成熟であり、
各市町村にそのような人材を速やかに配置することは不可能です。
何かしらのスケールは必要なのではないでしょうか。
それが、支援サービスを必要としている人々のニーズとかけ離れているとしたら、
日々の我々の営みが福祉的ではないことになります。
だから、大事なことなのです。
私は障害を持たれている人のたった一度の人生が、
豊かで安心に包まれたものになるように、
「役にたっている」と確信の持てる仕事をしたいと
シンプルに思っています。

6 今の〝生〟を大切に

よく「過去も未来もない。あるのは今だけ」という見方があります。

未来は今の連続でしかない。
だから、今を大事にしなければならない、ということです。

しかし、思いもよらないことが起きて、
その方との関係は〝心の中の思い出〟だけになってしまうことがあります。

「本当に良い日常・人生を提供できただろうか！
もっとできることがあったのでは！」と思い、自分を責め悲しくなります。

動きの激しい人にどうしても振り回されます。

でも、静かな人の中にもたくさんの「動」があります。

心は動いています。

幸せには大きさがあります。
小さな幸せの積み重ねがいつのまにか大きな幸せに育っていきます。
笑顔や声かけ、ハイタッチなどのわずかな接触、
その瞬間、瞬間の出会い、心の繋がりが未来をつくっていきます。

一つの「生」はすべてに肯定的な意味を持っています。
そのことに気づくことが大事なことなのです。

「精一杯生きてきてありがとう！
あなたがここまで生きてきたことは、
すごいことだよ」
「辛いこともいっぱいあったんだろうね！
もっともっと楽しい、
心が暖かくなることを一緒にしたかった！」

7 人材の質こそ支援サービスの命

「人材の質こそ支援サービスの命である」
このフレーズを（私の運営する施設の）ある年の事業計画における中心的なテーマにしました。

各ユニットでは「してはならない最低限度の申し合わせ」を話し合い、3点程度に絞り、リフレームし各ユニットに年間の行動指針として掲示してください。

リフレームすることにより
〝なぜそれをするのか〟が明らかになります。

私たちの仕事はいわゆる〝売り買い〟の成果主義ではないので個々の職員のモチベーションは持ちにくいのではないかと思われますが、確実に利用者様の〝安心という成果〟は広がっています。

【リフレーム】
できごとの枠組み（フレーム）を変えることで、人生の選択の幅を広げプラスの意味に変化させることをいう。

どのような「やりとり（コミュニケーション）」が
その効果をもたらしたのか、
そしてその事をさらに推進するためには、
何が必要なのかを考えてみましょう。

つまりは「得たい結果」を実現するためには何が必要なのか、
と言うことです。

プライベートでも同じことが言えます。
仕事か、プライベートかと二者択一で考える人は、どちらも楽しめません。
「得たい結果」という回路を持っている人はすべてを楽しめます。
つまりは良い人生をおくれます。

未来はつくれるのです。

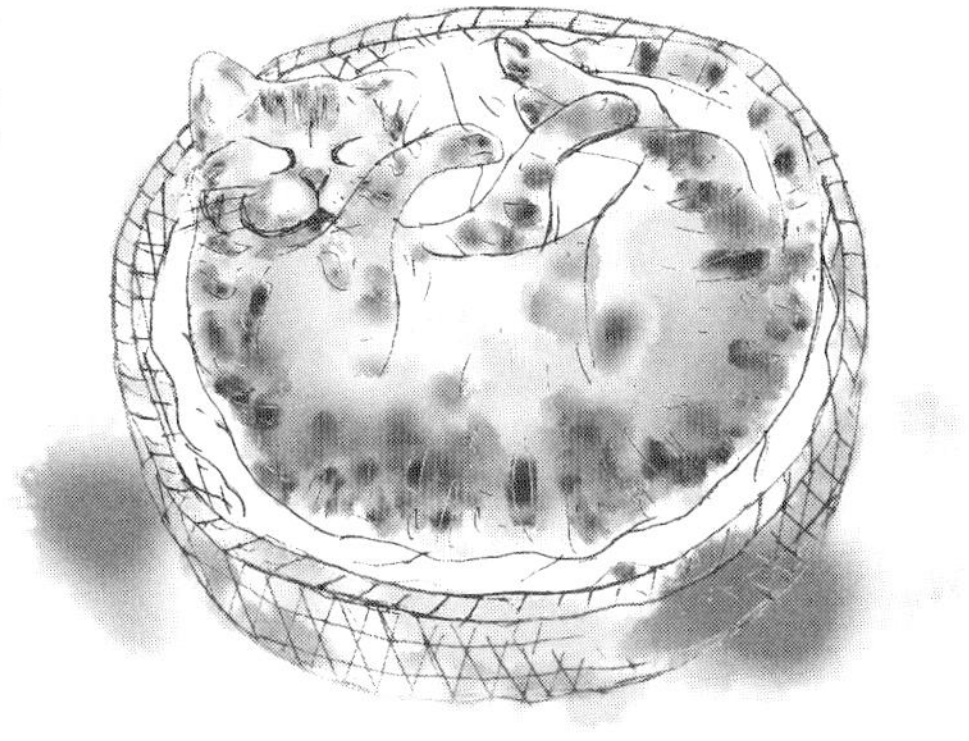

8 相手の思いにフィットする〝濃密〟な人間関係

私は、友人とはできるだけメールではなく
直接声を聞き話すようにしています。

メールは読む情報で、言いにくいことも重くなく表現できます。
日常的にとても便利に使っていますが、
誰かと話をしている際に、
「元気そうだね！　声が違うよ」
と言われました。

以前この人と話しているときは辛い話が多かったことも思い出されました。

人のコミュニケーションに影響力を持つ要素として、
言葉は7％に過ぎず、話し方や声のトーンは38％と言われています。

「聴く」とは耳と目と心で「聴く」と書きます。
「心のやりとり」は五感で感じ感情を表現します。

『ジョーズ』という映画を見たことがありますか？
あの迫ってくる音楽、三角のひれ、すでに体は緊張しています。
我々は視覚、聴覚、体感覚を駆使して「やりとり」をしています。

「読む」ということの情報は極めて少ないのです。
呼吸を合わせたり表情を合わせながらの会話は、
気持ちの良いもので「深い話」になっていきます。

福祉の仕事は「濃密な人間関係」が
必要な仕事です。
濃密とは濃いというより
その人の「思いにフィット」する関係です。

9 カンシャク〝生きることを確認できる生命線〟

カンシャクを起こすのは、
自分の重い通りにならない辛さや悲しさがあふれてきて
自分ではどうにもならない状態になってしまっていることを言います。

子どもは抱っこをしたり「よしよし」となだめるなどして、
気分を変えて大きな親の愛情で包み込んで落ち着かせることができます。

大人で障害を持たれている方の場合はカンシャクにも年季が入っています。

幼いころから今日まで溜め込んできた気持ちのもやもやは、
長年「ガマン」してきているので起こるときは嘆きだったり、怒りだったり
「いびつ」な形で現れます。

職員は困りますから、そのようにならないように防衛線を張ります。

でもその人がほしいのは「Only one」のつながりですから
そう簡単にやめることはできません。
〝生きることを確認できる生命線〟だからです。
手を変え品を変えアプローチしてきます。

これらは唯一学習した方法なのです。
私たちができること（仕事）には、
大変なエネルギーが必要です。

その人がもっともほしいもの
〝揺るがない安心感のもてる関係性〟を
信頼してもらえるように
かかわらなければなりません。
それしか手はないのです。

10

〝心ある存在〟として

自閉症の人たちでストレスが整理されていない人たちは、
支援者にとって〝問題〟となるさまざまな行為をしてしまいます。

多くは、ご本人が身体的、心理的にとても辛いときに起こしてしまう、
ストレス発散のために学習してきた数少ない方法です。

でもその行為が、我々の暮らしの中で
容認ならない行為をしてしまうために
本人ではなく我々にとって問題となります。

そして、その行為を続けていっても〝生きにくさ〟は増していくので
違う方法（行動変容）を身につけなくてはなりません。

【自閉症】
社会性や他者とのコミュニケーション能力に困難が生じる発達障害の一種。

時間はかかりますが、
何人もの改善が見られた人たちを見てきました。
間違いなく見えてる行為だけを止めようとしてもうまくいきません。
「その人が育ちの中でどのようにこの世界を体験（見えているのか？　感じているのか？）
しつつ生きているのか
ということへの視点（支援者の眼差し）が大切です」

支援ニーズの大きさに潰されそうになります。
しかし、〝心ある存在〟ととらえ、
〝より良い関係〟を築き、
〝生きなおし（行動変容）〟を促す
という順番は変わりません。

11 「心に添う」

私どもが大切にしてきた支援に、
「心に添う」ということがあります。

表層で見えていることではなく、
背景にある辛さや哀しさに心を同調しようとする行為です。

人は相手の表情や雰囲気、話口調、全身像などから、
その人の〝本当の思い〟を感じとります。

言葉がある人の方が言葉に惑わされ、
わかりにくいことも少なくありません。

自らの本当の思いに他者が繋がっていると感じられた時、
安心し、人を信頼し、自信が持てるようになります。

一方、支援者もさまざまな苦しみ悩みを持った一個の人間です。
人は無意識に苦しいことに対して向き合おうとします。
自分と向き合い「自分を引き受けなおす」という行為をしなければ
立ち直れないのです。

〝自分と繋がる〟受け止めきれない現実と、
〝おりあい〟をつけていく、ということは自らが、
「しっかりと生きようとする」行為です。

人を支えようとすることは、
自らと他者とが「響きあい、繋がろう」
とすることです。

心に添い、心をケアする仕事は、
人として相互変容を生み出す根源的な意味を持つ仕事と捉えています。

12 心のケア〝揺るがない安心〟

これは、私の人生のテーマです。

私は、研修をさせていただく機会が多くあります。

多くのオーダーは、「心のケア」を中心にした人材養成です。


時間が十分いただけるときには、自分と自分を取り巻く「大切な人たち」との関係性に「気づく」ことからはじめます。

そして、その人たちとこれからどのように生きていくのかということを考えていただきます。


あくまでも個々の参加者が決めることで、私はナビゲーターです。

「自己覚知」から「自己受容」への道です。

自らを受容できない人が他者受容ができるでしょうか。

自分が嫌いな人が他人を好きになれるでしょうか?

この全体のテーマは「心を支える支援論」です。

私の「心のケア」の理論はカウンセリングをベースとして、「ジェントルティーチング」などの理論を取り入れています。


【自己覚知と自己受容】

自己覚知とは、自分をあるがままに知ること。

自己受容とは、自分をあるがままに受け入れること。

ジェントルは4つの基本的な感情、
安全であること、かかわり合うこと、愛されていること、愛すること、
に焦点を当てます。理念であって支援技術です。

最近出された激しい行動障害のある人の事例検討では、便こねや他害をする方へのジェントルな支援で、今ではみんなといられるようになったことを、表情の写真と合わせての紹介がありました。

涙が出てきました。


安心感は自尊心を生み出します。

支援者は「私といると安心です」

「私の手は決してあなたに乱暴なことはしません」

「私の言葉は決してあなたを侮辱したりしません」

「私の目は決してあなたを見下したりしません」

ということを信頼してもらう必要があります。

「安心・安全」を感じ取ることは支援者といれば安らぎが得られる
という深い洞察をもたらします。
私が福祉の仕事に従事してたどり着いた大事な視点です。
思っていることと実践との一致は難しいことですがそれが「仕事」です

COLUMN 1

私のミッション

私の仕事は「人を支える」ことです。

「生きにくさ」を感じている全ての人に安心感を抱いていただくための
あらゆる営みをすることです。

そのことが私のミッションであることを自覚し、
私のエゴ（傷やコンプレックスや様々な欲）から発したことであろうが、
そのことを超えて、必要とされることに従順に、
そして純粋に、応えられるようになるために懸命に努力をし、
生命がつきる日がくるまでミッションをし続けます。

ストイックなことを言いたいのではありません。

私の仕事の意味や価値を気づかせてくれた、
これまで、私に関わった全ての人たちに感謝をしています。

今の状態を「よろこび」とともに受け入れています。

このことに正直に生きていこうと思っています。

人生に向き合い、「幸福」だと思えることには、
この仕事についていることが大きな意味を持っています。

これからは、この仕事の素晴らしさを
多くの人に伝えていきたいと強く思っています。

第2章

「コミュニケーションの達人になる方法」

1 火災報知機は意思伝達装置

火災報知機を押してしまう人がいます。

本来的な使い方は言うまでもなく火災の報知ですので、
スイッチを切ることはできません。
誤報でも消防車は確認のために来てしまいます。
職員はたいへんです。

でも押す人たちはこれを極めて効果的に使っています。
闇雲に押しているわけではありません。

代替コミュニケーション機器ＡＡＣとして、
わかりやすいサインとして使っているのです。

【相田みつを】
1924-1991 年。自らの言葉で命を見つづけた書家・詩人。

この人たちは火災報知機を押すことの意味は知っています。
でも自分の感情はうまく表現できないので押してしまいます。
ガマンして、ガマンして、その上で自分のことを気がついて！
と叫んでいるのです。

ＡＡＣとは
「手段にこだわらず、その人に残された能力とテクノロジーの力で
自分の意志を相手に伝えることにある」中邑１９９８
意思伝達装置・自助装置なのです。

以前の他害や器物破損という表し方から一歩成長したのです。
私たちは「そんなことをしなくてもわかっているよ！」
というメッセージと方法を伝える必要があります。

「聞いてくれる人のおかげで愚痴もこぼせる」（相田みつを）

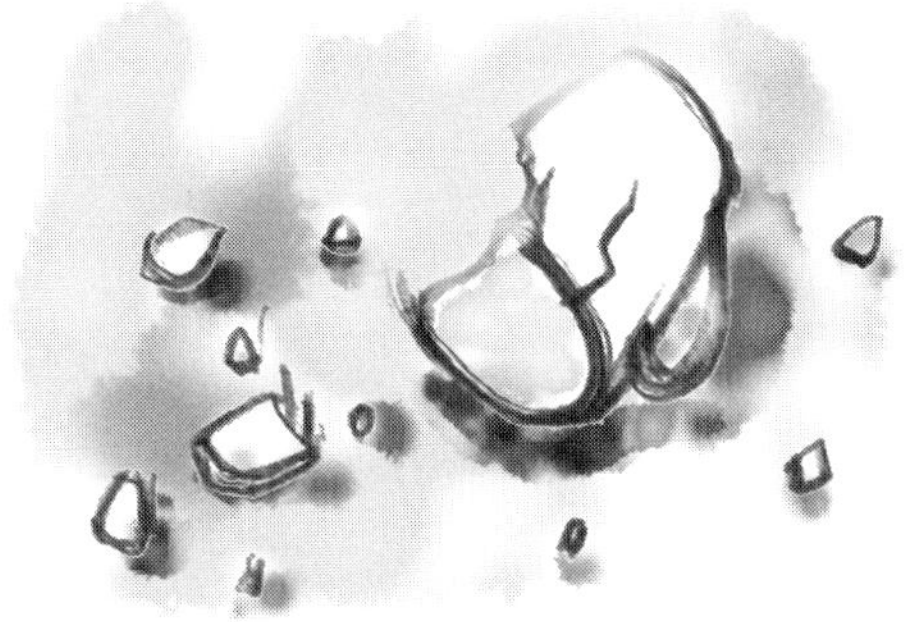

2 今（現実）をつくっているのは自分自身です

言霊（ことだま）という言葉を知っていますか?

日本語は言葉にさまざまな魂が宿っていると考えられ

古来より研究されてきました。

聖書のヨハネ伝でも

「初めに言（ことば）あり。言は神とともにあり。言は神なりき」とあります。

二つの宗教とも否定語（忌み言葉）を好まず、

慈悲（愛）と感謝と喜びの言葉を大切にします。

魂があるとは言葉は生きているということです。

言葉を出すと、それが現実となるという考え方です。

「ありがとう」には一文字ごとに言霊の意味があります。

「あ」……（はじまりや良い兆し）
「り」……（螺旋状に放射し組み合わされる）
「が」……（輝き・無限に輝く）
「とう」……（全てが組み合わさり、大きな調和をする）
全てに肯定的な意味があります。

成功者は「ありがとう」を良く使います。
エネルギーのある言葉です。
「希望」より「信頼（繋がる）」の方がパワフルです。

「繋がる」とは「良い関係性」のことで
感謝することから始まり「愛」と同義語です。
良かれと思うことは口に出し、良いと思えることは行動することです。

「今（現実）をつくっているのは自分自身だからです」

3 〝懸命に生きていること〟を支える営み

何度も繰り返すパニックに言葉を失う。

でも一人ぼっちで身に降りかかるさまざまな困難に耐えてきた人だとしたら、〝耐える〟ことと〝はじけて〟しまうことの二つしか自分を維持できない、学習してこなかった人だとしたら、どんな支援ができるだろうか！

親が悪いわけではない。

どうしたらいいかわからない中で必死に育ててきた。

〝母性〟の問題と思い、自らを傷つけてきた。

親も孤独だった。

職員には、事故が起こらないように見守りは必要だが、〝繰り返す〟ことに対して、その人が生きていくために身に付けた

〝パターン〟に対して〝一人じゃないよ〟と
言ってあげられる支援を考えていかないと
〝はじける〟↓監視の強化では
私たちの仕事が「福祉」ではない世界になってしまう。
人は関係性の中で悩み、それが続くと〝感じる〟機能も弱まっていく。
わかってもらえない世界は〝孤独〟を増幅させる。
その人の辛いストーリーに関心を持ち
〝人としての根源的なエネルギーを生み出す関係性〟を少しずつ築いていく。
一度の人生〝懸命に生きていること〟を支える営みしか手はないのです。

4 〝頑張って〟⇓〝ありがとう〟

「頑張って」「がんばります」とはよく使う言葉ですが、
私はなるべく使わないようにしています。

〝生きにくさ〟の中で精一杯生きている方に対して、
〝頑張って〟とは励ましではなくエネルギーを奪われる言葉に
なってしまうからです。

〝頑張って〟という言葉ではなく
〝ありがとう〟という言葉に置き換えるようにしています。
〝ありがとう〟という言葉は気持ちが上向く言葉です。

脳には自己報酬神経群という神経細胞があります。
これは自分のためだけではなく、

達成感や、人の役に立つことが脳への報酬になることを意味しています。

「自分さえよければいい」という人よりも、
「あの人の喜ぶ顔が見たい」「この人のためにお役にたちたい」
と思える人の方が、結果的にあらゆる面で力を発揮していくのです。

人類の種の保存のための三欲求は「性欲」「食欲」
そして「集団の欲求」です。

人間はもっとも集団的な動物だといわれます。
他者との良き繋がりを根源的に求めています。
福祉の仕事をするということは
〝援け・援けられる〟という相互作用を
生業《なりわい》にできるということに意味があります。

5
「愛という神は細部に宿ります」

「あなたに会えて本当によかった。
うれしくて、うれしくて、言葉にならない」

心にしみわたる小田和正の詩とメロディにのせて
映し出されるダウン症の秋雪ちゃんの写真にたまらなく切なくなります。
これは、保険会社のＣＭです。

６年間の生涯を精一杯生きた記録、
最後に父親の「ありがとう……」という言葉で締めくくられています。

「人は人に愛されていく人生」を必要としています。
何歳でも！　誰でもが！　です。

赤ちゃんは機械で、まさに機械的に育てても生きていけないと言われます。

私たちは、人の役に立ち、感謝される仕事に就いていますが、
私は私を見守ってくれているすべてのものに感謝しています。
私は幸せです。

私は大切なことは何かを知っています。

それは例えば水泳の息継ぎのように最初は意識的に練習し、
慣れてくると無意識でもできるようになります。
ですから、いつも意識する必要はありません。

「おはよう」という瞬間、
肩に触れる瞬間、
やわらかいまなざし、
そのひと時、一つひとつの「生」を
大切に！　大切に！　大切に！
「愛という神は細部に宿ります」

6 「困ったことをする子は、本人が一番困っている」

「困ったことをする子は本人が一番困っている」
とは私がよく使う言葉です。

「困ったことをする子は困った奴です」というのも真実でしょう。

でも前者は「なんとかしてあげたい」と思い、
後者は「どうしようもない奴」という烙印を押してしまいます。
180度違います。

私たちが作成しなければならない支援プランなどは、
保護者の同意と納得が必要です。

私たちは同じ事象でも、とらえ方の違いや言葉のフレーズを変えることによって
体験を変化させることができます。

【長所伸展法】
「人の欠点を指摘して直そうとしても簡単には直らない。それよりその人の良い点を褒めて徹底して伸ばす」船井幸雄の人材育成法。

これを、リフレーミングや長所進展法と言います。
まさに、ある枠組み（フレーム）を、違う枠組み（ポジティブな見方）に変えるのです。

私たちの仕事は「かかわり」というツールを使い、
その方が「生きやすく」なるための支援をする仕事です。
その支援者がネガティブな発想しかできないとしたら問題です。
変わりうる可能性を奪ってしまうからです。

「信念が変われば、思考が変わる。
思考が変われば、行動が変わる。
行動が変われば、習慣が変わる。
習慣が変われば、人格も変わる。
人格が変われば、運命も変わる」
（マハトマ・ガンジー）

7 「苦労をしている」人へ「ご苦労様」

べてる流に言うと、病気が悪化している状態を、
「苦労している」と言います。
辛く苦しく爆発（パニック）を起こしてしまう状態も、
「苦労している」状態です。

人はコミュニケーションがうまくいかず辛いことや、
家族や大事な人との関係で悩んでいるときは「苦労している」ときです。

問題行動というと、厄介、困った人になってしまいますが、
「苦労している」人ならば、歩みよって語りかける言葉は「ご苦労様」です。
「ご苦労様」と言う言葉は
「あなたの辛さは知っているよ！」というメッセージです。

【べてるの家】
1984年に設立された北海道浦河町にある精神障害者等をかかえた当事者の地域活動拠点で「当事者研究」などの取り組みは、日本のみならず世界的にも評価されている。

気分が楽になる響きがあります。

べてるのもっとも大事にしていることは、
「三度の飯よりミーティング」という自助グループです。
「自助」と言いながら彼らの発言の中では
「仲間がいるからがんばれる」と言うようなことが何度となく聞かれます。

孤立・不安↓「爆発」の繰り返しから
「仲間・わかってくれる人」がいる、という
革命的な変化の中で
「不適応状態を起こしてしまう自分と…共存していく」
という「回復」にかかわる支援、
私たちも「苦労をしている人」という、
イメージを持ってみてはいかがでしょう。

8 ハートフル・コミュニケーション

赤ちゃんのいる暮らしは笑顔が絶えません。

哺乳類の赤ちゃんは愛らしく、いとおしく生まれてきます。

赤ちゃんが生きていくためには、
大人の愛情が必要です。
それを自然に出せるように無性にかわいらしく生まれてくるのです。

愛情がなく、笑顔がない対応をされると、
お乳を飲まなくなったり、おなかをこわすなど健康上の問題が起こります。

ただ、この豊かな時代に生まれ育った人たちの中には、
初めて自分の意思の通りに動かない存在に戸惑い、

育児ノイローゼや愛することが出来ない自分を傷つけてしまう人も中にはいます。

そのことの解消に一つのアイデアがあります。
赤ちゃんは一日に何度もオムツを替えます。
不快から快になるわかりやすい機会です。

このオムツを替えるときに笑顔で、
多くのポジティブな語りかけをしてみてください。
もっとも愛情が入りやすい機会なのです。
一日8〜10回、週に70回、
月に300回豊かなメッセージをもらえて、
「人」になっていきます。
私たちの介護の現場も同様です。
この時間を豊かなコミュニケーションの機会にしましょう。

9 人への安心のための体を通しての〝やりとり〟

自閉症の人たちの中で「怖い」「わからない」

そして「助けて」と言える（サインを出せる）人たちはごく僅かです。

本当に必要な場面で人の「助け」を得られないのです。

たいていの場合は過去の経験を基に物事を進めてしまいます。

ストレスが増してくると、他害をしたり自傷をしてしまいます。

「職員の注意を聞いてくれないのではなく、聞くことができない」のです。

職員は、どうしてもそのように思えないことが多いと思いますが事実です。

このような時、止めなければなりませんが、

「我慢しようね！」と言っても我慢はできません。

「辛いね！　いきたいよね！」というような
対象者の内面で起こっているだろうことを共感的に語りかけながら、
2～3人がかりで止めます。

一人だと余裕がなくなり危険な状態にもなります。
語りかけながら核心に触れると、全身で反応します。

止めてるほうも勝たない、負けない力で受け止めます。
このことを「張り合う」といいます。

人への安心のための
体を通しての「やりとり」です。
自閉症の人への支援は、
他人から助けられ方を学ぶことです。

10

「助けてください」というサイン

支援というと難しそうに思いがちですが、
そんなことではなく
「困っている状態を解決する」
ということなのです。
自閉症の人たちは、自分から
「助けてもらう」ことが苦手です。
「教えて」「怖い」「疲れた」「休みたい」などの
意思表示が苦手です。

感情に適した表情をすることも苦手です。

これらの「困ったこと」が、
行動障害（問題行動）を引き起こすことも少なくないのです。

「困ったこと」は「助けてください」というサインであると言ってもいいでしょう。

それを推測し、

「心と頭を使い」

困ったことの　原因を考えて見ましょう。

「困ったことをする人は、本人が一番困っているのです」

11 感情移入のコミュニケーションの原則

人のお話を伺う時、とりわけ内容が苦情・強い意見、要望の場合、
聞くほうも生身ですから影響を受けてしまいます。
でも相手も尊重しなければならないのですから、
真剣に聞かなければなりません。
自分が辛くならずに相手を尊重して「聞く」ためには、
感情移入のコミュニケーションの原則があります。

感情移入をすることは、
相手の言葉を聞いて反映し、
頭での理解を超えて理解することです。

感情移入では、耳だけではなく、目と心も使わなければなりません。
感情を聴く。意味を聴く。行動を聴く。

左脳（頭、言葉）だけではなく、右脳もつかうのです。
感知し、直感し、感じ取るのです。

生身の感情をまともに受けたら、
カウンセラーはその役割を果たすことができません。

「もらわなくてもいいことはもらわないのです。
〝そのようなことを言いたくなるその人がいる〟ことに共感することです」

「言う方」はいっぱい言いたいので、「焦点づけ」て行きながら
広げないで聴くことにより、本質に迫れるし
聞く側の「ダメージ」になることではなく、
「やりとり」がつくり出せて行くと思います。

12 自らが一歩踏み出すことにより感動を呼ぶ

ディズニーランドは「毎日が初演・毎日が開店の日」魔法をかけて演ずるので、スタッフはキャストと呼ばれます。

キャストの役割は『コミュニケーション』によってゲストを『感動』させること（アトラクションによってではない）です。

期待に応えることを『満足』といい、期待を超えることを『感動』というそうです。

ディズニーで掃除をする人、カストさんは、屈まず立ったまま長いほうきを使い雰囲気を保ち、気遣い、そしてゲストの質問にはに丁寧に教えてくれます。

感動です。

リッツカールトンホテルでは、ゲストが好む水の温度は5種類あるとか、目覚まし時計の位置がなじみのゲストの場合、

そのゲストの好む位置にあるとか、
些細なことにまで気にかけ感動を呼んでいます。
『目をかける意識』が違うのです。
そのゲストの眼・耳・体・感性になり、
『先読みのサービス』をしているのです。
私たちのご利用者に対する良いサービス（支援）の満足のレベルを『共感』と言い、
『良い変化の兆し（行動変容）』を感じられることを『信頼』と言います。
「そんなこと、わかっている！」と言う人は少なくありません。
違いは、『気づき』を生き続けることです。
行動することです。
「一歩踏み出しているか、どうか」が違うのです。

COlUMN 2

“人材”から“人財”へ

人材には４相があります。

福祉の理念、心をたて軸、スキルを横軸と考えると、
両方を持っていると「人財」となり、
新人のように気持ちはあってもスキルが追いつかない人を「人材」といい、
スキルはあるが気持ちが無いあるいは低いレベルにいる人を「人在」といいます。
「人罪」は基本的に雇えない人たちです。

一般の企業で、もっとも問題とされるのは「人在」です。
力があるのに発揮しないからです。
これは「負の連鎖」の伝染です。
新たな職員が入ってくる時この人たちの存在は問題です。

モチベーションとはモデルとなる職員がいるか！　ということです。
マイナスのイメージを職場にもたれては、
経営者がどんなに配慮をしてもよい職場にはなっていかないのです。

私たちの職場は、障害をお持ちの方の大事な人生に、お役に立っているか？
ということが問われています。
エネルギーは利用者様に注ぎたいものです。
そんな職場環境を互いにつくり出さなければなりません。

この仕事は「大変だけどつまらなくないいい仕事」です。
生涯かける価値のある仕事です。

第3章

「幸せな人生をおくるための処方箋」

1 学生脳からビジネス脳への転換

新年度のはじまりです。（私たちの職場では……）
私たちの運営する拠点でも、
新人や異動で移ってきたメンバーと、
機能する新たな組織を早急につくらなければならないと、
各部署のリーダーは考えていることでしょう。

この時に、必要なこと。
それが、学生脳からビジネス脳への転換です。

普通の考え方では、短期間に効果を出すために、詰め込もうとします。
軍隊式のマネージメントです。

これは短期間に一定の成果を出すことはできます。
ところが他からの強い力では〝自らのもの〟にはなっていきません。

消去するのも早いからです。
基本的には支援の原則と同様です。
しっかりと信頼関係という土台をつくったうえで、
ルールや規律を教えて行きます。

苗を植え収穫をするためには、土壌を整え、水を撒き、適時に肥料を与え、
倒れそうな茎には支柱をたて、悪天候や害虫から守り〝収穫の秋〟を迎えます。

先輩職員には〝育てる〟という役割があります。
自らが良質な〝土壌〟であることを意識し
「幸せの提供者」「心のアスリート」として鍛錬をし、
収穫のプロセスを喜び、
人の成長は自らの成長である、
と思える人は、今まさに
成長・成功のラインを生きています。

2 自らの将来を〝引き寄せ〟る

〝引き寄せ〟という言葉を知っていますか。

〝やりたいこと・欲しいもの・恋愛・なりたい自分〟など〝得たい結果〟を得るためのプロセスを脳科学を中心に、さまざまな手法を駆使して行うことを言います。

人の能力は意識上にあるのは1～3％だと言われています。無意識に97％以上眠っています。

「問題の答えはいつもその人の中にある」と言われる所以です。

それを引き出す〝確かな方法〟は、〝結果を明確にイメージする〟ということです。

それは達成された時、どのように見えていて、
どんな音が聞こえてきて、どんな感情に浸っているのか、
そして最終的には感情レベルでの満足感が必要です。

イメージを阻害するものは誰にでもあります。
この制限ビリーフは、取り出して焼き直しをしなければなりません。
パワーを取り戻すためには、肉体・心・魂を整えます。

良い食と運動・十分な睡眠、
良い仲間、美しいもの、芸術的なものに
触れている暮らし、
愛を表現し・与えていることが大切です。
そして万能なツールは〝感謝〟です。
これらが
〝引き寄せ〟を産みだす根源となります。

3 無意識下における脳の働き

脳学者の茂木健一郎先生が脳の機能を解説する番組を、
一週間の間に3本見ました。

混沌とした時代の中にある〝つらさ〟を
脳の機能として紹介されることで、
妙に腑に落ちる解説だと感心しました。実に興味深い内容です。

記憶は側頭連合野というところで保存され前頭葉で表面に出る、
その回路は筋肉と同じで使わなければ弱くなってしまう。

ＰＣですぐに答えは出てくる時代、
〝思いだそう〟という運動は少なくなり脳は鍛えられない。
また寝ないと日中の情報を整理できない。

【茂木健一郎】
1962 年東京生まれ。脳科学者。マスメディアでの活動が多い。

朝の2時間はゴールデンタイム。

「脳指紋」ということを知っていますか?
意識してなくても脳は覚えており、
写真を見ると脳波が谷型になり、経験していないと高原型になる。
99%以上の信頼性があり、アメリカでは冤罪の証明のために使われている。
無意識の世界が人に与える影響の大きさに愕然!

人とかかわる仕事に就く人にとって整理しておかなくてはならないこと、
自己覚知、トラウマとの対峙、ラポール、
もっとも大変なのは「トラ退治」。

それとも、それを超える「New Memories」をつくること……
〝成幸者〟になるために!

4 効果的に生きる術

5年後、3年後、1年後に後悔するであろうと思うことがあるなら、今から後悔ではなく〝得たい結果〟を手中にできるように動くことです。

寅年は、〝動く〟ということと〝始まる〟との二つの意味があるそうです。

後悔が目に見えているならば動き始めることです。

「無理だろう！」と思うことでも「なんとかしなくっちゃ！」と思えたときから「うまくゆく」ラインの上を歩いていることになります。

現在を幸せに思えるなら、過去にどんな辛いことがあってもその意味は変わります。

良くなります。

過去を悔むより「今からどのように生きるか」と考えることのほうが生産的です。

当然、未来も変わります。

効果的に生きる術「捉え方」を変えたほうが早く変わることができます。

心のギアチェンジのできる人、

内なる声に耳を傾け答えはいつも自らの中にあるということを知っている人、

互いのエネルギーを〝感謝〟というツールを使い何倍にも変えることができる人……。

「Power」の語源は「行動する能力」です。

「失敗と書いて、成功と読む」（野村克也）

すごいリフレームですが、勇気をもらえる言葉です。

5 〝依存と喜び〟の中に生きる

心は人と人との間で育っていきますが、
それにもっとも大切なことは「依存」です。

人は人に依存し、きちんと受け止めてもらえたときに「喜び」を感じます。

そしてその喜びを与えてくれた人を信頼し、
人は信じられる存在としての「信頼の預金残高」を増やしていき、
人間関係を広げ〝社会〟を受け入れていきます。

この人の根源的な関係性の中にある喜びをもらえない人は、
二番目の〝物欲〟や生理的な喜び（高揚感・快楽感）、
「薬物依存」や心理的喜びを与える「パチンコ依存」などに
浸りきるようになります。

本来、人に向かうはずの〝依存〟が十分満たされないと
社会的に容認されない行為に及んでしまうこともあります。

ただし、日常的なストレスなどへの対応に
少々の飲酒やギャンブルなどは、有効に働くこともありますが、
〝自傷〟のような多量の飲酒はまさに心も体も壊してしまいます。

辛いときの多量の飲酒は〝うつ〟を進行させます。

私は〝親友〟のようにお酒を飲んでいます。
親友は励ましてくれたり、
慰めてくれたりします。

「依存と喜び」その中で人は生きています。

6 人生の処方箋

人は人生のひと時に自分自身を〝価値のないだめな存在〟と思えて、
なかなか払いのけることができない時期があります。
食事が取れなくなったり眠れなかったりと心因反応が出てきます。

人が辛くて苦しいと思ってしまうことは
すぐには解決策が出ないからです。

答えが出ないことなので人は深く悩んでしまいます。

そばにいる人ができることは助言ではなく、
辛い気持ちに共感する慰めの言葉です。

答えはその人しか出せないことですが、
他者は「辛いね！」と言葉をかけてあげることはできます。

そのことで一歩踏み出す〝勇気の芽〟が生まれます。

自分のことで精一杯になっている状態から抜け出すために、
自らしなければならないことはさまざまな人間関係に
〝向かおうとする心がまえ〟です。

小さな関係の中にある〝喜びに感謝しようとする〟ことです。

一人で悩んでいても良くはなりません。でも一般社会では刺激が強すぎます。
この仕事をしていて障害のある人に助けられたことは、
何度となくあります。

ささやかな笑顔からです。
痛みの中から学んだ、
私の〝人生の処方箋〟です。

7 ミルクを配達する

イギリスの古いことわざで
「ミルクを飲む人よりミルクを配達する人の方が幸せになる」
という言葉があるそうです。

待っていてくれる人がいるからがんばれる！
ということはよく聞くことなので、
そのようなことなのかと思いましたが、
「人の幸せを支える人の方が幸せになる」という意味だそうです。

五木寛之は、
「50歳を過ぎたら、今一度人生を振り返り、
できれば自分のために働くのではなく、
無償でも人のためになることをしなさい」と言います。

【五木寛之】
1932 年福岡県八女市の生まれ。作家。

私は最近、〝与えられた時間〟を意識するようになり、
人を憎んだり恨んだりするのは無駄な時間に思えるようになってきました。

物事に囚われるなど余計なことは、
自らの〝思考回路〟から、できるだけ減らしていくようにシンプルにしていくと、
精神世界（心）が、ある意味豊かで広い無意識の状態になるといいます。
よくわかる考え方ですが、この年にならなければわからないことなのか？
それでは遅い！
ともかく「ミルクを配達する人」
でいることが大事なのだ！
と理解することです。
原則をたんたんと行なう人は、
「人格」が育つとも言われます。

8

〝楽に〟生きる

最近3人のすぐれた実践家の講演を聴きました。
いずれの方たちも人生の先輩でもあり大きな影響を受けてきた人たちです。
活動家、人情型、研究職とタイプの違いはありますが、
そのメッセージ性は今なお進化して鬼気迫る命を懸けた戦いをしています。
「障害のある人たちはこんなに辛い状況にあるのに、
あなたたちは手をさしのべないのか」と言われているようでした。
人は人生の最期に何を思い、何を伝えたいと思うのでしょうか。
この人たちは〝やわらかく〟はなっています。
今のほうが伝えたいことが明確に伝わってきます。

老いなのでしょうか。イヤ、いろいろなことを体験し、
本当の内なる声に正直に生きようとすると、目的（的）に生きるようになります。

人は自分にとって本当に価値があるもの、
大切なことが明確になればそれを達成しようと、
自然と行動を起こすと言われています。
これをＲＡＳ現象（脳幹網様体賦活系……時実利彦）といいます。

最適な方法論も〝その境地〟になった時
自然と生まれてきます。
年をとることに不安はありますが、
〝楽〟に生きられると思います。

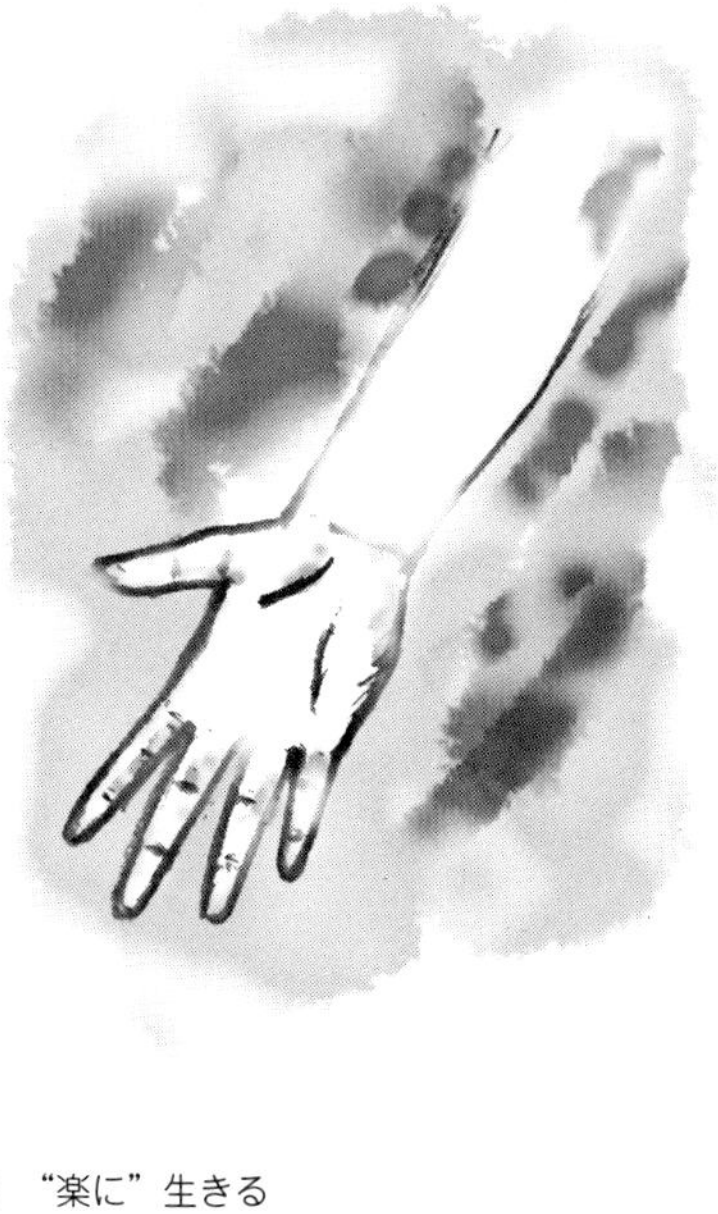

9 「かかわりが生み出すプラスのエネルギー」

ちょっと前のことですが、ある人に、私が思ってもいないこと（誤解、曲解）を言われ、
未消化のまま家に帰り、まもなく全身がだるくなり、
のどの痛み、発熱を数分の中で、はっきりと感じ取れるような体験をしました。

それまでの疲れはあったにせよ、
明らかに一方的にエネルギーを奪われ免疫力が落ちてゆくのを感じました。

私は大勢の「生きにくさ」の中にいる利用者の方々と、
それに関わる大勢のスタッフと仕事をするようになって、
はっきりと意識できていることがあります。

それは相手のエネルギーを奪わないように関わることです。

私一人でできることは小さなことです。

私たちは、多くの人のプラスの力を借りなければ成り立たない仕事をしています。

力や知識・立場でねじ伏せようとしたり、
相手にマイナスのイメージを持って
言うことをきかせようとしても
伝わらないどころかマイナスのエネルギーを
つくり出してしまいます。

相手の長所にアクセスしそれを育て、
一人ではできない現実をつくり出していく
〝効果的な生き方〟が大切です。
「かかわりが生み出すプラスのエネルギー」です。

10 「志向のための思考」という能力

私はかつて、ある県の公的な施設で、一スタッフとして勤務していました。

二人の子どもにも恵まれ、
地方ですので小さな家も持つことができていました。
仕事には福祉的違和感は感じていましたが
平凡に子育てをしていく人生だろうと思っていました。

ただ、福祉の勉強はしてこなかったので、
いいといわれる施設には見学に行き、
優れた功績のあると言われる人の講演などは聞きに行っていました。

だんだん施設の理想像がイメージできるにつれ、
我がままなのか、胸にわきあがる感情、夢、希望などが、
無視できなくなってきました。

その後、いろいろな人との出会いがあって、今に至っています。
多くの優秀な人たちと仕事をしてきました。

今思うことは、能力の多くは「情報処理能力」の事を指すように思えます。
つまりは時間的な問題です。

人生の「価値」のために大切なのは、何を志向し、
そのためにどんなことをしているのか?
「志向のための思考」という能力を
使っているのか、ということです。

使わない（気づかない）人は、
その人生での結果を、もらえないのだと思います。

11 がんばらない人生を

新年度が始まりました。

新スタッフ、新入所者も入られています。

新任研修、昨日は地元の青年学級の（軽度の知的障害者の親御さんたち）研修、以前からお約束していた親御さんの相談をお受けしました。

個々のみなさんのご相談は、お子さんの「障害の重さ」ではなく「支援度の重さ」からすると、本当に深刻なお話ばかりです。

わが身に置き換えても、その心労はいかばかりかとあらためて思いました。

先ほども、ご自身も病を抱え、そのことだけでも大変な精神状態と思われるのに、障害を持つ娘さんのために奔走されてきたお父さんが、ご挨拶にこられました。

涙ぐんでおられました。

福祉を取り巻く状況は決してよくはありませんが、
私たちは、「福祉」を生業にしています。

このようなつらい状況に置かれているご本人、ご家族の方たちに、
「ご安心ください。がんばらなくてもいいんですよ！」
と言うメッセージを発っすることができるように
ならなければなりません。

「がんばらなくていいんですよ！」
ということを言えるように、私たちはがんばらなければなりません。

12 夢実現の法則

「過去と他人は変えられない」だから自分が変わるしかない。

「コミュニケーションとは伝わったことがすべて」

だから相手の思い描いている世界に近づくしかない。


自分の世界を押し付けると〝うなづいていても〟納得はしていない。

「コミュニケーションとは技術」だから高められる。


だから直せる。

だから一人じゃない。


「ほめられて喜ぶ人は多いが、叱られて反省する人は少ない」

だからリフレームが必要、自分の脳が聴いている。


「今と未来は変えられる」

だから未来をどのように、どこまで明確にイメージできるかが大事……


夢は実現する。

「失業者が多い、もっと多いのは心の失業者」
だから職場では応援しあう、
能力とは多様な意味を持つ言葉、
チームとはカバーしあうこと、
ハイタッチして抱き合い勝利を喜ぶイメージ……
長友のシュートのように。

「成功は一人で行なうのがもっとも難しい」
助けあうことによってパワーは倍増する、
協力しあうのがもっとも成功への近道。

「真にその人のお役にたっているると思えるとき、成長のラインを歩んでいる」
人を支援している時は「優しさ」や「信頼すること」「絆……つながり」を
同時に体験している。

感謝しか言葉がない！

「みんなで未来や夢を一緒に見ている時、
今は楽しみにしかならない。」（福島正伸）

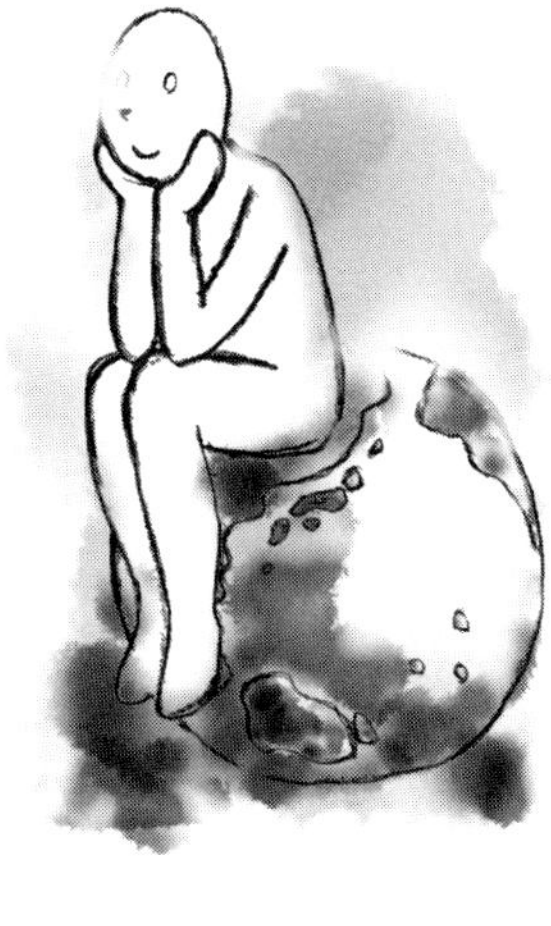

13 心は力強く自由なもの

「問題を生み出したのと同じ思考形態では、
問題は解決できない。」
（心理学者：ミルトン・エリクソン）

人は自らが辛く、苦しいとき、
同じ感情の中で改善しようとしても上手くいきません。

それどころかよけいに苦しくなってしまいます。
感情とは厄介なものです。

だから、思考で補うのです。
思考とは捉え方です。

「そんなことできない！」と思ってしまいますが、
実は人は言葉では表せない、
合理的に捉えることができないことをしてしまいます。

そんなとき人は〝決める〟という思考を働かせています。

仏教で不幸になる三要素とは〝愚痴る・怒る・貪る〟です。
このようなことを〝教え〟と言います。捉え方です。

それをしないことで、肯定的な反応が返ってきます。

〝教え〟という捉え方と行為をすることで、
不幸なことが少なくなり関係性の中での不必要な不安が減ります。

時間は通り過ぎていくものです。
過ぎたものは〝解釈〟でしかなくなります。

未来は〝動く〟ことで変えていけます。
動くことで景色が変わります。

心とは多様性のあるものです。
大人と子ども、強さと弱さ、
悪魔と天使どちらかで生きているものではなく
両方合わせ持っているのが人の心です。

ネガティブなことからも学べます。
本来心とは自由なものです。

あなたは力強く自由なのです。

COLUMN 3

私のビジョン

私たちの理念は、
『すべての人々が安心して暮らすことのできる社会を目指す』
ということです。

『平和』であることも大切なことです。

精神性としては、「しあわせ」「豊か」「支えあい」ということであり、
このことの実現のために職員は人間的な成長、
人格を育てるような「学び」に努めます。

対象は、障害がある方だけではなく、
「生きにくさ」を感じておられるすべての方々です。

あくまでも「やわらかい手法」で、理念遂行のために、
必要な社会的活動も両軸として捉えていきます。

きわめて近い時期に、福祉・環境・教育のコラボレーションであるソーシャルファームを実現し、それをトランスプラント（地域への拡大）し、障害者・高齢者の雇用促進、子どもたちへの環境教育などの成果を生み出します。

「住まう場」「充実した日中活動」の確保は、
高いニーズのある首都圏では大きな課題です。
児童・高齢者福祉も同様です。

どのような形で貢献できるか研究していきます。
サービススタンダードを高め体系化していくことも大切なことです。

そして、「福祉」ということが社会にとって根源的な必要性のあることとして
多くの人々の理解を深めるための活動を基軸に努めていきます。

第4章

「ちょっと落ち込んだときに読んでほしい話」

1 「ミラクル」とは、自らが引き寄せるもの

さまざまな業界の成功者とお会いする機会が多くあります。

この人たちは知的にも人格的にも優れた人たちですが、
等しく言われるのは「自分のような人間はたくさんいる。
違うとしたら明確に自分が成功するという
〝イメージ〟を持っていることだ」と言います。

人間だけが持っている能力〝イメージ力〟です。

『パーティの中の会話』という話を聞いたことがありますか？
パーティでは、会話ができないくらい騒がしくても
集中していれば会話は成立します。
よく心理学の授業で使われる話です。

最近出会った〝成功者〟は、
毎日朝起きた時に〝得たい結果・欲しいもの〟をノートに書くそうです。

〝イメージ〟を明確に持っていれば、それを成功させるための情報や状態は、
勝手にどんどん迫ってきます。

スピリチュアルと言われていたものの多くは
脳の機能として説明できるものです。
脳は意識上にあるものは3％で
97％は無意識下にあると言われています。

意識（イメージ）するということは、
〝結果を得る〟ために、97％の能力をふんだんに使うのです。
「ミラクル」とは自らが引き寄せるのです。

2 「ミラクルブルー」

ミラクルブルーが多くの人に夢を与えてくれました。

でもエースストライカーは
「目標ははるか先にあり、そんなに喜んでいない」と答えています。
他のメンバーに聞いても同様の答えが返ってくるのでしょう。

福祉の現場はさまざまな経験や年齢の人たちと
チームを組んでする仕事です。
意見（捉え方）の違いは日常的にあり、
うまくいかないと感ずることも少なくないと思います。

成果を上げているチームに等しく言えることは、
そのチームが進もうとしている、
目的の共有化をしっかりと行なうことです。

そのことをする〝意味〟を充分話し合うことです。
これは達成しようとしていることの〝価値〟を同時につくっていきます。
意味は価値を内在します。

さらに、すでに目的は達成してしまったとしてもその時点で、
視覚、聴覚、体感覚、そして「どんな感情を味わっているか」ということまで
メンバーとイメージを共有して
「今そこからなにをなすべきか」
ということを一緒に考えることです。

そうすることによりプロセス全体が
〝価値ある行為〟になり、
未来がハッキリとしてきます。
無理無駄なく目的に向かって
組織が動き出します。

3 相手の立場に立って〝叱る〟

叱ることや注意を促さなければならない場面は少なからずあります。

職員は決して乱暴な態度では接していませんが、
見かけるほとんどの場面で違和感を感じています。
多くは熱心に切々とたしなめています。

自閉症の人たちは〝叱られている〟ということを
パターンとして理解しているように見えます。

職員も「ごめんなさい」という言葉を発しさせるために促し、
ご本人はパターンとして「ごめんなさい」と言います。
これで終息です。

この人たちは〝育ち〟の中で障害を持っていない子どもたちと比べて
何倍も〝指示され・命令され・叱責され〟て育っている、
と言われています。年季が入っています。

私たちが〝叱って注意をする〟ということは、
その〝行動を変容して頂くことを目的とした行為〟のはずです。
そのやり方で〝問題となる行為〟が是正されているとしたら、
それは〝効果的なスキル〟となっているはずです。
その人の目・心・体になり、どのように
〝捉えられているか〟
ということの認識の統一が必要です。
そして、その行為がその人の
〝日常の生活の豊かさ〟に役に立っているかが、
大切な視点です。

4 「子ども心」と「大人心」

海は私の見つけた「パワースポット」です。

疲れますが「元気」が出てきます。
だから忙しいときほど無理をしてでも「パワースポット」に向かいます。

でも、遠くにいけない場合は、
感動したり「大笑い」するものを探します。

誰でも「子ども心」と「大人心」を持っています。

仕事は「普通」「多くは」大人心でしますから、
心が疲れてきます。

そのとき「はしゃぐ」ことができるものが自分の中にある人は、
「うつ」にはなりにくいのです。

心から笑えたり、夢中になれること、
つまりは「はしゃぐ」こと「子ども心」があれば、
「心の疲れ」を癒してくれます。

誰の心にも大人と子どもがいますが、
行き詰っているときは、
大人だけになってしまっています。

つまり「子ども」が「大人」を
「うつ」から救うのです。
「子ども心」を育ててください。

5 自らの脳を操作する

週に2〜3度は脳の解説をしている番組を見ます。

今では「心はどこにあると思いますか?」という質問があっても

「脳にあります」と答えてしまいます。

腑に落ちてしまいます。

効果的に「得たい結果」に到達するためには、

自らの脳を操作しなければなりません。

脳の機能を損なうことは避けたいと考えるからです。

例えば、

①否定語は使わない↓周りにいる人もネガティヴな印象が同時発火してしまう

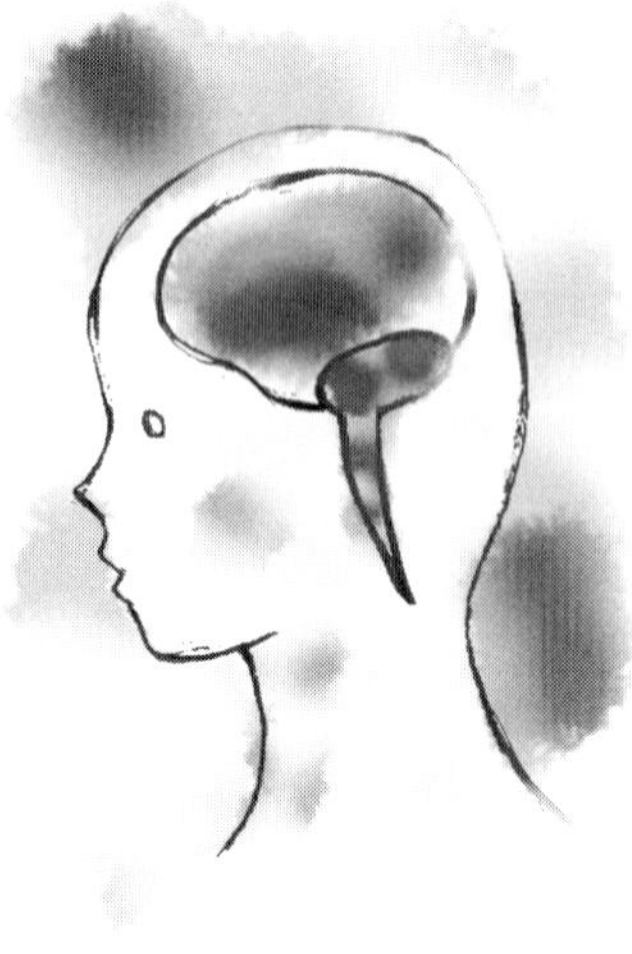

②わくわくするような趣味を持つ→脳は快楽を求めるように出来ている→興味あることしか

脳は動かない

③ゴールだと思うと脳は働かなくなる（減速する）

ゴールをゴールだと設定してはいけない

ゴールの意識を先にする（脳外科医：林成之）

止めなければならないことはあります。

でも叱ってばかりいると、ノルアドレナリンというホルモンが出ます。

これは次に来る危険のための防御をするホルモンです。

「やめてください」の後に「よく頑張ったね！偉かったよ」

を必ずつけます。

すると心地よくするホルモン、ドーパミンが出ます（育児評論家：吉田恭子）

これが大事です。

6 〝今〟を生きる

ある講演の「どんなに20代30代が幸せでも40代50代が不幸せだったら、
自分の人生は不幸せと感じるだろう。
50代に向けて自分に投資する生き方をし、
65歳の自分が人生を振り返ったとき、
幸せな人生だったと思えるように生きる。

どんな人でも共通に思っていることは、幸せになりたいということだ！」
という言葉が頭から離れません。

五木寛之も50までを家住期、50からは林住期と言い、
人に対して良い事をしなさい、と説き、
その先に自分を見つめ、心安らかな遊住期がくると言います。
良き林住期・遊住期を迎えるために、今を生きると言います

50代の私はいろいろありますが、穏やかに過ごせています。
もっと早くこの境地になっていたらと思いますが、
リスクマネジメント以外「たられば」は意味がありません。

若い時は自分への投資をし、
50代での幸せをイメージする。

私がイメージできるのは、
敵味方入り乱れて、最後の試合で胴上げされた
名将　野村克也監督。

その後のインタビューでの言葉「私が残したのは『人』」。
私もそんな風に言いたい！
モデルとなる人がいることが大事です。

7 〝言葉〟の重み

河北新報という宮城県の新聞に、
重度の脳性まひである大越桂さんが晴れ着を着て、
車椅子で成人式に参加したという記事が載っていました。

よくある美談として記事を読んでいましたが、
ご本人の言葉がとても印象に残りました。

大越さんは、筆談で意思疎通ができるようになったのは、13歳だそうです。

最初に伝えた言葉は『つめ』『ピンク』『みつこし』
思春期の少女なのに着るのはジャージーばかり、
おしゃれにあこがれ、そして意思が伝わったとき、
『自由になったと感じた』そうです。

「言葉は大きい。人の世界は言葉で成り立っている。
その世界に入れない人は、よそ者という感じ」と言っておられ、
言葉が通じないときは周りの人は挨拶もしなかったが、
言葉が理解できるとわかると、対応が打って変わって丁寧になった、
と言います。

私たちも同様のことをしていないでしょうか。
言葉にならない言葉を理解していく過程が大切です。

言葉のない人の内側で起こっていることを、
言葉にして伝えることは具体的な支援です。

「人は、人を、人にする」「一緒の成長」
大越さんの言葉です。

8 こだわりの理由（わけ）

〝こだわり〟に振り回されます。

ご利用者が不安定になることを避けるために、
腫れ物に触るように対応してしまいます。

でも同じことが繰り返される背景には、
〝本当の思い〟を聴いてもらっていない！
という感情が残っているからで、それがエスカレートしていきます。

この人たちは思っていること（内面世界）と
表に出る行動とが一致せず〝使いにくい体〟を持っています。

『ぼくが跳びはねる理由』の著者の東田直樹さんは
「心は繊細だ」と言っています。

聴覚が苦手なこの人たちは、言葉が大量の刺激となって、
入っては消えていくそうです。
ですから〝書きとめる〟という視覚的な情報（構造化）を、
残しておくことが大事になります。
人は瞬間、瞬間に数十億という情報を五感で感じ、
必ず削除・歪曲・一般化などの作業を経て記憶に留めます。

五感で感じる事に差異はなく、蓄積する作業の仕方が人はみんな違うのですが、
この違いが多少大きいことを、
認知の障害と言っているようです。

意味づけの仕方ですので
変わり得るということで
〝やりーとり〟次第で、
生きやすくなるということです。

9 「生きる意味の意思」

人とかかわる仕事ではいろいろなことが起こります。

特に信仰を持たない私でも「祈るしかない」

という事も少なくありません。

そんな時、30年以上前に読んだV・Eフランクルという

心理学者の本を読んでいます。

フランクルはアウシュビッツからの生還者です。

彼が後に書いた『夜と霧』はアメリカでは、

「今世紀の最も重要な書物の一つ」として高い評価を今でも受けています。

彼は自らの体験から次のように述べています。

「人生というのは結局、人生の意味の問題に正しく答えること、
人生が各人に課する使命を果たすこと、
日々の勤めを行なうことに対する責任を負うことに他ならないのである」

彼はアウシュビッツで「生きる意味」を見失って死んでいく人たちを見て
実存主義的精神療法をあみ出したのです。

私流に簡単に言ってしまうと、
「人生はパラダイスではなく、さまざまなことが起こるのが
当たり前で、そのときにたんたんと、
正しいと思えることを行なっていくしかない」のです。

フランクルは、このことを「生きる意味の意思」
という言葉で表現しています。

10 一時停止して「スペース」を置いて考える

『心のケア』では、人は誰でも心の中にしっかりと、
安心して生きたいという心棒を持っていると考えます。

それを阻害しているストレスやこだわりを除去することにより、
聡明な人格が現れ、本来持っている力を発揮できるようになります。
エンパワーメントという考え方に似ています。

べてる風に言うと「病気も回復を求めている。病気や症状のシグナルは回復に向かわせよう
とする大切な体のメッセージ」と解きます。

問題と思っている行為は、
「人が辛い体験や悩みに支配されそうになるとき、回復（安心）するために、
軌道修正しようとする行為なのです」

シグナルが見えたときに回復しようとすることをお手伝いすることが『心を支える』ということなのですが、
大人は年季が入っているので簡単ではなく、
〝障害＝困った奴〟にしてしまいがちになります。

その視点では回復しようとしている方の〝お役〟にたてないのです。

その行為がパターンとなってしまった要素を、
テーブルの上に乗せ眺めて考えて見ましょうと、
べてるでは言います。

一時停止して「スペース」を置いて考えるということです。

11 「人・モノ・金」から「人・人・人」へ

社会福祉施設の経営は、措置制度から契約制度に変わりました。
2000年以降大きく変わりました。
これまでの「施設運営」（管理）という側面から、
「法人経営」へと変わりました。

それまでは施設単位での措置費の使途については、
厳密に制限されていました。

現在は「サービスの対価」として、かなり規制緩和されています。

また、施設の規模についても一法人一施設が多いのですが、
人材育成、人材確保、資金調達、リスクの分散など、
規模拡大によるスケールメリットの獲得や、

事業の安定的継続を行なってきました。

今、この点に気づいてもスタートラインには着けません。

（私たちの）みずき福祉会の経営的状況分析はこれまで成功してきています。
今必要なのは、人材から人財へのスキルアップです。
次の時代に「どのような人材が必要か？」ということです。

企業ではよく「人・モノ・金」と言いますが、
社会福祉法人の「モノ・金」は公が占める割合が圧倒的に多いのです。
つまり社会福祉法人は「人・人・人」がもっとも大切なのです。
私が「しくみ」はつくります。

みなさんは、「その気」になってください。

12 「チーム力」

チームビルディングとは、自己の成長とチームの成長を共に達成し、生きがいやりがいなど、さまざまな成果を、生み出すためのチームの活動を言います。

どんな仕事にもその仕事を行なうための方法（Ｄｏ）があります。

その〝動き〟にはエネルギーがいります。


このエネルギーは人との良質な〝かかわり〟（Ｂｅ）によって培われます。


〝感動・感激・人の温かさ〟人としての魅力を感じられる人（メンター）が、身近にいることなどにより蓄積されます。

本音が言える安全な場であることも大事な要素です。

職場はどうしてもＤｏ（やり方）に偏る傾向があります。

ご利用者様にはＢｅ（あり方）が大切です。

職員にも同じことが言えます。

仕事そのものからエネルギーを貰えていて、
無駄なエネルギーを使わずに進めることができている。

自らの判断で動いている。
同僚を信頼している。
不安感がない。
支えられているという快感がある。

みんながていねいな仕事をしたと感じた時、いい結果が出ている。
助けあっている。
反対の意見にも学びがある。

この仲間と一緒でよかったと思えている。
……それが「チーム力」。

13 近道は、ないのです

「人は他の人から支えられていると感ずるとき、
そのことだけで癒されている」

私の好きな言葉です。

障害の重い方たちへの支援、
あるいは、行動障害への対処を考えるとき、
もちろん、行動療法的なアプローチ（みんながティーチプログラムと呼んでいる構造化のアイデア）が大切ですが、
利用者のみなさんが安心できる「人的な環境」を整えることが、
とても大事なことです。

棟に入り、張り詰めた空気が流れているのか、

ゆるやかな空気が流れているのかでは、
大きく結果が違ってきます。
「最近落ち着いているな！　そういえば自傷が減っているな」
というように時間がかかることです。

ですが、近道はないのです。

その為には、職員同士も関係をよくするように努めなければなりません。

福祉の職場とはそのような職場です。

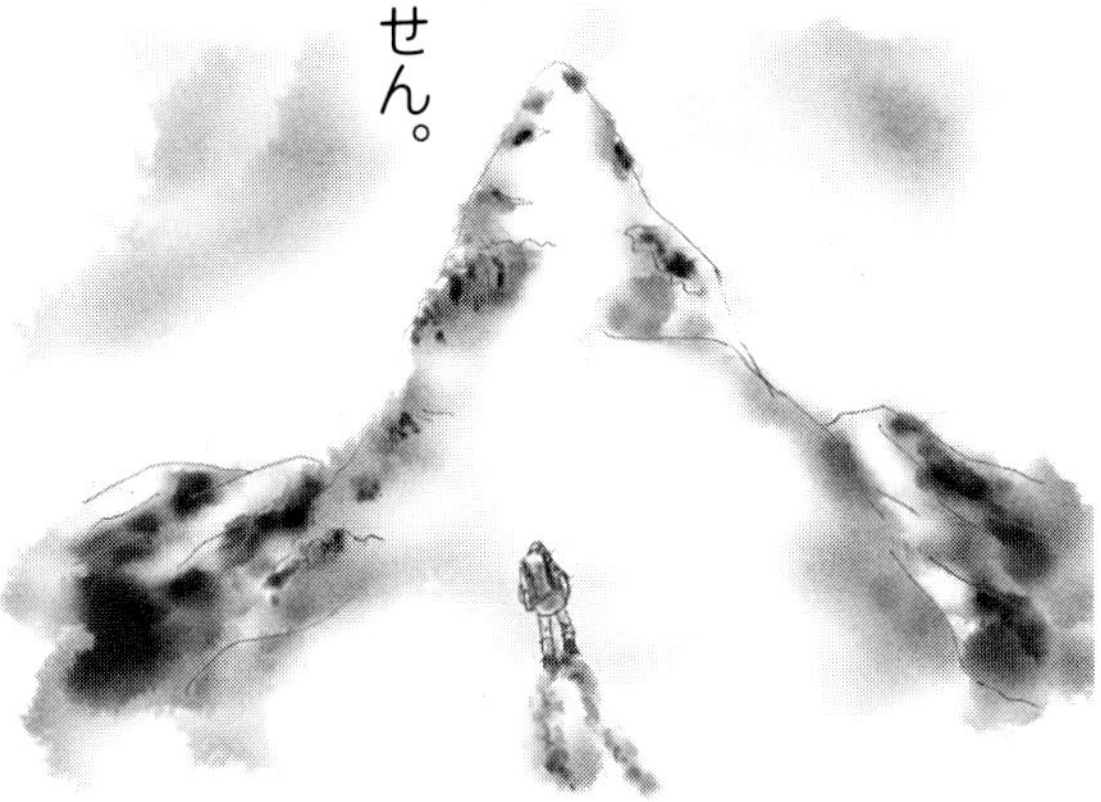

14
未来に向けて何ができるかを考える

未曾有の地震の被害の報道を見て
日に日に絶望感に襲われます。
悲しみを共有するということは大切な支援ですが、
被災していない私たちが考えなければならないことは、
〝暗闇に光を見出す〟希望をつくりだすことや、
「絶対にこの国を復興する、良い国にする」
という強い〝志〟を持ち、そのための行動の一歩を踏み出すことです。
落ち込むより、前向きに生きることです！
未来のために何ができるかを考えることです！

私たちは、現在ライフラインが断たれていても
整然とこの現実を受け入れています。すぐれた国民性を持っています。
電気を消し、寄付をすることもできます。
情報を共有し次に「何ができるのか」を考えています。
私たちは、どんな時も被災者とともにいます。
天災です。私たちが同じ立場になったかもしれません。
失われた人命を無駄にしてはなりません。
生かされた身、気を一つにして
国をつくりなおすという事業に取り組まなければなりません。
一生懸命と本気は違います。
〝本気度〟が試されています。

COlUMN 4

ソーシャル・ファーム

10日ほど山形県、長野県などでの講演や、山谷でホームレス支援をしている団体の更生保護法人化のために、めまぐるしく動いてきました。

山形は5時間半の長い講演でその後の質問や相談を受けている間に帰れなくなり、もう一泊ビジネスホテルに泊まることになりました。

山谷でのホームレス支援をしている団体は理事長が団塊の世代でしたが、
主要な職員は20代、30代で熱っぽく自分たちの事業について語り、
その場で立ち止まっていることは無く、常に次の展開を視野に入れて活動していました。

6億円の事業規模のNPO法人の運営、
ホームレスの人達にヘルパーの資格を取らせ有限会社をつくりヘルパー派遣、
ビルメンテナンスを中心とした株式会社を作り、『雇用の創出』を実現しているなど20年の間に多様な展開をしていました。

福祉の原点は『救貧対策』です。
ニーズに応じて現実をつくり出していく『力・情熱』に感服しました。

福祉は未成熟な社会だから少しのアイデアで、
大きな評価を受けることが出来ます。

もっとも可能性があり、
興味深い仕事でもあります。

おわりに

これまで三〇年以上の福祉の仕事の中で、何度か挫けそうになったことがあります。
でも職場にくると少しずつ元気になりました。
ご利用されておられる方々の笑顔からです。
人は「かかわり」の中で生きており、人と人との間に幸せはあります。

そんな気持ちになれたのは最近です。歳を重ね多くのすぐれた人たちとの出会いの中で、魅力的に感じる人は、人の幸せのために働いている人たちでした。
たんに富を得るために仕事をしている人からは、人は離れていきます。

仕事とは幸せになるためにすることです。

福祉の仕事は、まさに「かかわりの仕事」で、言葉の背景にある辛さや苦しさと「心を添う」仕事なのです。

この仕事がうまくいっている時、私たちは、人が見たい世界、聴いていたいこと、感じていたいことを、同時に体験しています。それは、あたたかいこと、共に感じていること、うれしいことです。なかなか得られない体験です。

少しばかりコツがあるようです。

よく言われる、

「過去と他人は変えられない」

「自分と今と未来は変えられる」ということです。

自分が変われないことで苦しんでいる、できないと思っている、心が固くなってしまっている。

そんな時でも、仕事に出てくると「小さな出来事」があります。

小さな喜びと感動があります。

「どっちが助けられているか、わかりゃしなぃ」

そのため自分がどのように、捉え、行動したらよいのか?

それを発信してきたものをまとめたのがこの本になりました。

今、自分の人生が「幸せ」だったと思えています。

福祉とは人生をかける価値のある仕事です。

阿部美樹雄

【著者紹介】

阿部美樹雄

秋田県出身　人間学修士
「人材育成」「人権擁護」などのテーマの講演を全国で行なっている。

無類の釣り好き、酒好き、人好き。

現在　社会福祉法人　みずき福祉会　町田福祉園のゼネラルマネージャー（統括施設長）。

代表的な著書としては、

「よくわかる知的障害者の人権と施設職員のあり方」編著、

「心のケア＝対人援助技術」監修、以上大揚社などがある。

ブログ　　http://www.machidafukushien.com/column/

【イラスト】

渡邉直樹

1972年生まれ。デザインの専門学校卒業後、イラストの仕事やアルバイトをしながら、社会福祉士取得後、町田福祉園に入職。

趣味は釣り、プラモデル製作。


福祉の仕事に就く人に、絶対に読んでほしい55の言葉

2011年6月29日　1刷発行

〈検印廃止〉

著　者　阿部美樹雄

発行者　島崎和夫

発行元　株式会社　大　揚　社

〒270-1108　千葉県我孫子市布佐平和台3-5-2

電話　04-7169-2341　　FAX　04-7189-1154

発売元　株式会社　星　雲　社

〒112-0012　東京都文京区大塚3-21-10

電話　03-3947-1021　　FAX　03-3947-1617

制作　有限会社　七七舎